HISTORIA:
ELIZABETH HUDSON-GOFF Y MICHAEL V. USCHAN

ILUSTRACIONES:
GUUS FLOOR

WORLD ALMANAC® LIBRARY

¡Oro, Oro! ¡Oro Del Río Americano!

En 1848, se descubrió una pequeña pepita de oro en un río en California. Este descubrimiento fue el comienzo de una de las aventuras más famosas de la historia estadounidense: la fiebre del oro en California.

OREGON

CALIFORNIA

Río Colorado

MÉXICO

Trópico de Cáncer

MUCHO ANTES DE QUE EMPEZARA LA FIEBRE DEL ORO, AMERINDIOS VIVÍAN EN LO QUE HOY ES CALIFORNIA. SE DEDICABAN A LA CAZA Y LA AGRICULTURA.

PERO EN 1769, EL IMPERIO ESPAÑOL TOMÓ CALIFORNIA. LOS GOBERNANTES ESPAÑOLES QUERÍAN LA TIERRA Y EL CONTROL DE LOS NATIVOS QUE VIVÍAN AHÍ.

LOS ESPAÑOLES MATARON A MUCHOS AMERINDIOS Y A OTROS LOS FORZARON A SER ESCLAVOS.

4

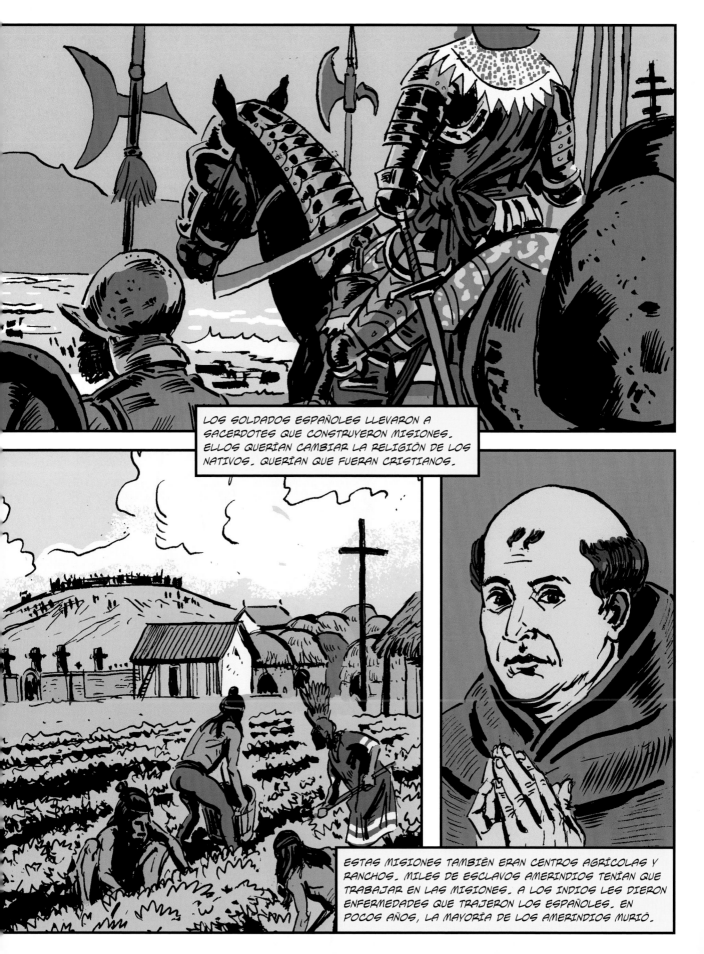

LOS SOLDADOS ESPAÑOLES LLEVARON A SACERDOTES QUE CONSTRUYERON MISIONES. ELLOS QUERÍAN CAMBIAR LA RELIGIÓN DE LOS NATIVOS. QUERÍAN QUE FUERAN CRISTIANOS.

ESTAS MISIONES TAMBIÉN ERAN CENTROS AGRÍCOLAS Y RANCHOS. MILES DE ESCLAVOS AMERINDIOS TENÍAN QUE TRABAJAR EN LAS MISIONES. A LOS INDIOS LES DIERON ENFERMEDADES QUE TRAJERON LOS ESPAÑOLES. EN POCOS AÑOS, LA MAYORÍA DE LOS AMERINDIOS MURIÓ.

EN 1821, LOS MEXICANOS SE REBELARON CONTRA ESPAÑA. FUNDARON LA REPÚBLICA MEXICANA. DURANTE LOS PRÓXIMOS 25 AÑOS, CALIFORNIA Y OTRAS ÁREAS DE LO QUE AHORA ES EL SUROESTE ESTADOUNIDENSE, LE PERTENECIERON A MÉXICO.

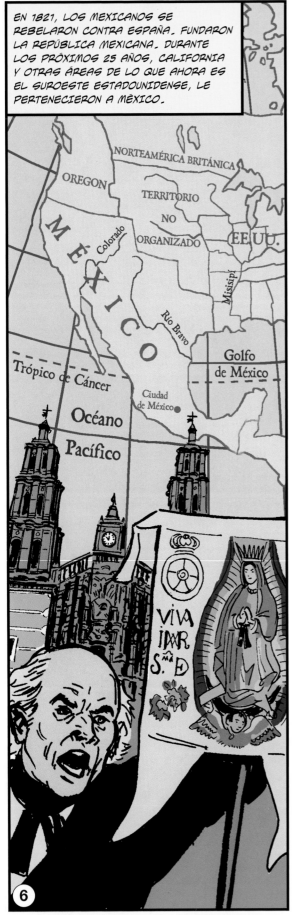

¡ESTA TIERRA DEBE SER NUESTRA!

¡ES BELLO!

PERO LOS ESTADOS UNIDOS DE AMÉRICA QUERÍAN CALIFORNIA. LOS ESTADOUNIDENSES CREÍAN QUE ERA SU DESTINO GOBERNAR EL CONTINENTE. EN 1846, MÉXICO Y LOS ESTADOS UNIDOS ENTRARON EN GUERRA.

UN GRUPO PEQUEÑO QUE VIVÍA EN CALIFORNIA TAMBIÉN PROTESTÓ EL ESTAR BAJO EL MANDO DE OTRO PAÍS. QUERÍA QUE CALIFORNIA FUERA UN PAÍS INDEPENDIENTE Y SE LLAMARA LA REPÚBLICA DE CALIFORNIA. EN 1846, USÓ UNA BANDERA CON UN OSO. LA "REBELIÓN DE LA BANDERA DEL OSO" ACABÓ CUANDO LLEGÓ LA MARINA ESTADOUNIDENSE. PERO LA REBELIÓN ERA UNA SEÑAL DEL GRAN DESEO DE LOS ESTADOUNIDENSES DE INDEPENDIZARSE DE MÉXICO.

LA GUERRA CON MÉXICO TERMINÓ EN 1848. LOS ESTADOS UNIDOS GANARON LA MAYOR PARTE DE LO QUE HOY ES EL SUROESTE. TAMBIÉN HABÍAN GANADO CALIFORNIA CON SUS DESIERTOS Y VALLES. NADIE SABÍA QUÉ OTROS TESOROS HABÍA . . .

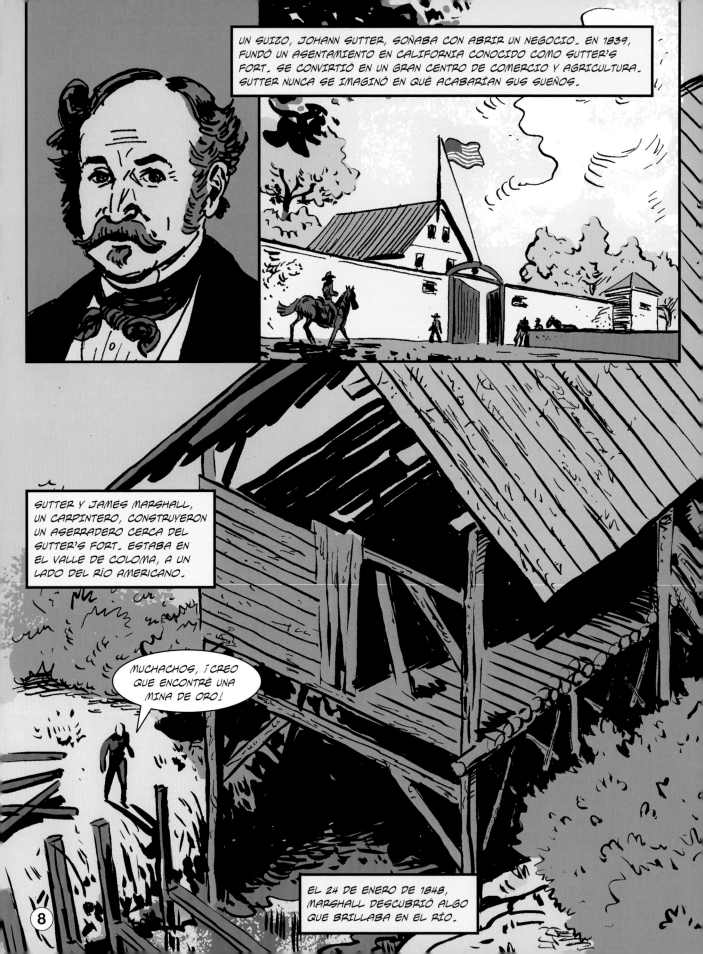

UN SUIZO, JOHANN SUTTER, SOÑABA CON ABRIR UN NEGOCIO. EN 1839, FUNDÓ UN ASENTAMIENTO EN CALIFORNIA CONOCIDO COMO SUTTER'S FORT. SE CONVIRTIÓ EN UN GRAN CENTRO DE COMERCIO Y AGRICULTURA. SUTTER NUNCA SE IMAGINÓ EN QUÉ ACABARÍAN SUS SUEÑOS.

SUTTER Y JAMES MARSHALL, UN CARPINTERO, CONSTRUYERON UN ASERRADERO CERCA DEL SUTTER'S FORT. ESTABA EN EL VALLE DE COLOMA, A UN LADO DEL RÍO AMERICANO.

MUCHACHOS, ¡CREO QUE ENCONTRÉ UNA MINA DE ORO!

EL 24 DE ENERO DE 1848, MARSHALL DESCUBRIÓ ALGO QUE BRILLABA EN EL RÍO.

AL PRINCIPIO, CASI NADIE HIZO CASO. YA SE HABÍA ENCONTRADO UN POCO DE ORO ANTES. PERO SAM BRANNAN, UN HOMBRE ASTUTO, VIO ESTE ÚLTIMO DESCUBRIMIENTO DE ORO COMO UNA OPORTUNIDAD PARA GANAR DINERO.

¡ORO! ¡ORO! ¡ORO!

SAM BRANNAN COMPRÓ PALAS, PICOS, BATEAS Y OTRAS COSAS QUE LA GENTE NECESITARÍA PARA ENCONTRAR EL ORO. ABRIÓ UNA TIENDA CERCA DEL RÍO AMERICANO. LUEGO CORRIÓ POR LAS CALLES DE SAN FRANCISCO MOSTRANDO UNA BOTELLA LLENA DE POLVO DE ORO. GRITABA "¡ORO!, ¡ORO! ¡ORO DEL RÍO AMERICANO!" ÉL EMPEZÓ LA "FIEBRE DEL ORO".

CASI DE LA NOCHE A LA MAÑANA SE VACIARON CIUDADES Y PUEBLOS. ¡LA GENTE SE APRESURÓ A LLEGAR A SUTTER'S MILL! CARRETAS SE ESTRELLABAN UNAS CONTRA OTRAS. LOS HOMBRES TRATABAN DE LLEGAR ANTES QUE LOS DEMÁS. EN SAN FRANCISCO, HASTA LOS PERIÓDICOS CERRARON. NO HABÍA QUIÉN LOS COMPRARA.

¡SAM BRANNAN DICE QUE HAY ORO EN ESAS COLINAS!

LOS BUSCADORES DE ORO LLENARON EL VALLE DE COLOMA. LA BÚSQUEDA DE ORO SE EXTENDIÓ HACIA EL NORTE Y SUR DEL VALLE. LA GENTE EMPEZÓ A ENCONTRAR ORO POR TODAS PARTES. A FINES DE 1848, ¡10,000 PERSONAS HABÍAN IDO A CALIFORNIA PARA BUSCAR ORO!

PERO MUCHOS ESTADOUNIDENSES EN EL ESTE NO CREÍAN LA HISTORIA. CUANDO EL PRESIDENTE JAMES K. POLK POR FIN DECLARÓ QUE HABÍA ORO EN CALIFORNIA, SUS PALABRAS SALIERON EN LOS PERIÓDICOS Y AHORA TODO EL MUNDO QUERÍA PARTE DEL TESORO.

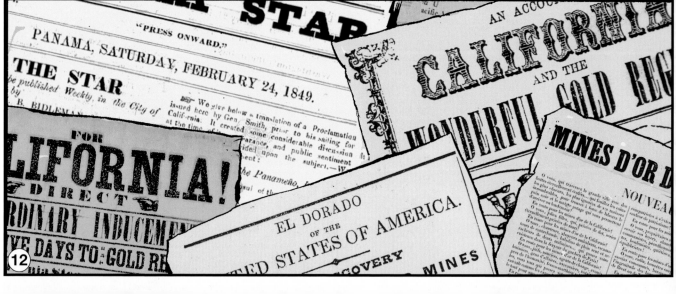

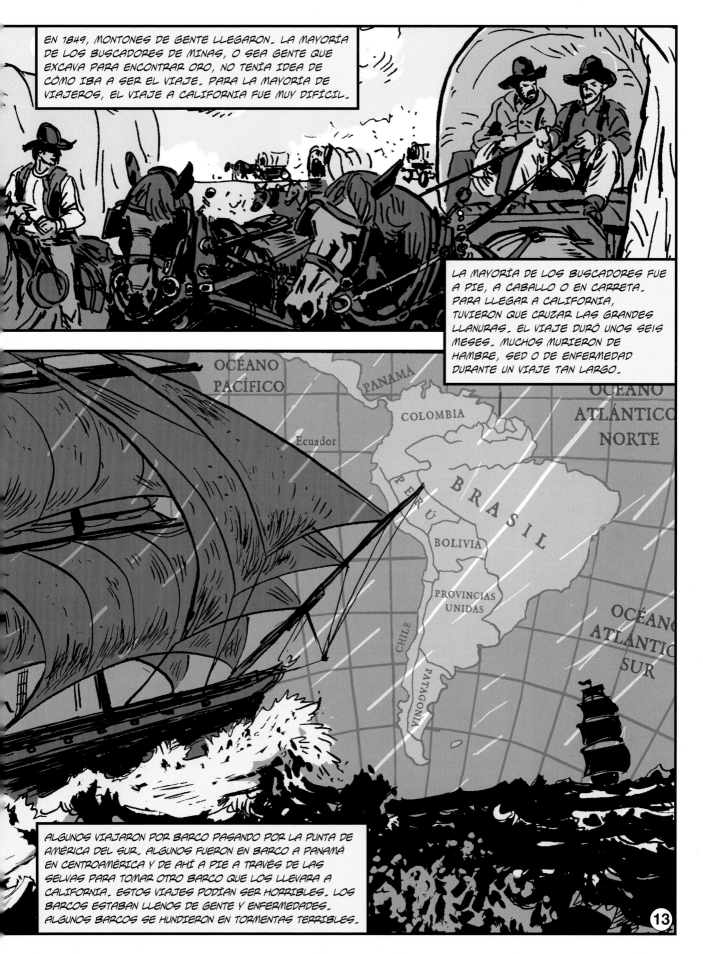

EN 1849, MONTONES DE GENTE LLEGARON. LA MAYORÍA DE LOS BUSCADORES DE MINAS, O SEA GENTE QUE EXCAVA PARA ENCONTRAR ORO, NO TENÍA IDEA DE CÓMO IBA A SER EL VIAJE. PARA LA MAYORÍA DE VIAJEROS, EL VIAJE A CALIFORNIA FUE MUY DIFÍCIL.

LA MAYORÍA DE LOS BUSCADORES FUE A PIE, A CABALLO O EN CARRETA. PARA LLEGAR A CALIFORNIA, TUVIERON QUE CRUZAR LAS GRANDES LLANURAS. EL VIAJE DURÓ UNOS SEIS MESES. MUCHOS MURIERON DE HAMBRE, SED O DE ENFERMEDAD DURANTE UN VIAJE TAN LARGO.

OCÉANO PACÍFICO

PANAMÁ

COLOMBIA

Ecuador

PERÚ

B R A S I L

BOLIVIA

PROVINCIAS UNIDAS

CHILE

PATAGONIA

OCÉANO ATLÁNTICO NORTE

OCÉANO ATLÁNTICO SUR

ALGUNOS VIAJARON POR BARCO PASANDO POR LA PUNTA DE AMÉRICA DEL SUR. ALGUNOS FUERON EN BARCO A PANAMÁ EN CENTROAMÉRICA Y DE AHÍ A PIE A TRAVÉS DE LAS SELVAS PARA TOMAR OTRO BARCO QUE LOS LLEVARA A CALIFORNIA. ESTOS VIAJES PODÍAN SER HORRIBLES. LOS BARCOS ESTABAN LLENOS DE GENTE Y ENFERMEDADES. ALGUNOS BARCOS SE HUNDIERON EN TORMENTAS TERRIBLES.

AUN CON LOS PELIGROS, LA GENTE SEGUÍA LLEGANDO A CALIFORNIA. A LOS BUSCADORES DE ORO QUE LLEGARON EN 1849 SE LES CONOCÍA COMO LOS "MINEROS DEL 49". HUBO TODO TIPO DE GENTE QUE TRABAJÓ EN LOS CAMPOS MINEROS. SUS DÍAS DE TRABAJO ERAN MUY LARGOS.

MÁS DE LA MITAD DE LOS TRABAJADORES DE LAS MINAS DE ORO ERA AMERINDIOS. LA MAYORÍA DE LOS NATIVOS QUE TRABAJABA EN LAS MINAS ERA ESCLAVOS. ALGUNOS AFROAMERICANOS TAMBIÉN ERAN ESCLAVOS. ALGUNOS PUDIERON COMPRAR SU LIBERTAD CON ORO. PERO LA MAYORÍA NO SACÓ NADA POR SU TRABAJO TAN DURO.

ALGUNAS MUJERES TAMBIÉN FUERON A CALIFORNIA. A ELLAS SE LES PERMITÍA QUE ABRIERAN NEGOCIOS. FUE ALGO QUE NO PUDIERON HACER EN EL ESTE. UNA MUJER SE HIZO RICA VENDIENDO PASTELES TODOS LOS DÍAS A LOS TRABAJADORES CON HAMBRE.

UNO DE LOS GRUPOS MÁS GRANDES DE MINEROS FUE DE CHINA. LOS CHINOS TAMBIÉN TRABAJARON MUY DURO, POR MUY POCA PAGA.

LOS AÑOS DE LA FIEBRE DEL ORO

HABÍA CIENTOS DE CAMPAMENTOS CERCA DE SUTTER'S FORT. TENÍAN NOMBRES DE ACUERDO A LO QUE HABÍA PASADO AHÍ: OJO HERIDO, EL AHORCADO Y BARRANCO DE LA MULA LOCA. SE ABRIERON CANTINAS, LAVANDERÍAS Y OTROS NEGOCIOS PEQUEÑOS EN ESTOS CAMPAMENTOS.

¿TUVISTE SUERTE HOY, SAM?

¡YA LLEGAMOS A SAN FRANCISCO!

LA FIEBRE DEL ORO CONVIRTIÓ LOS PUEBLOS EN CIUDADES Y LOS CAMPOS VACÍOS EN PUEBLOS. SACRAMENTO, LA CAPITAL DE CALIFORNIA, CRECIÓ ALREDEDOR DE SUTTER'S FORT. Y SAN FRANCISCO CAMBIÓ DE SER UN PUEBLO CON SÓLO 450 HABITANTES A UNA CIUDAD CON 20,000 ¡EN SÓLO DOS AÑOS!

EL CRIMEN SE CONVIRTIÓ EN UN GRAN PROBLEMA. HABÍA POCAS LEYES U HOMBRES DE LEYES QUE IMPIDIERAN LOS ROBOS O LAS PELEAS POR EL ORO. LOS CAMPOS MINEROS DABAN MIEDO. SIEMPRE SE OÍAN DISPAROS EN LA NOCHE.

17

LA VIDA DE LOS MINEROS DEL 49 ERA MUY DURA. TRABAJABAN POR MUCHAS HORAS DURANTE EL DÍA Y DURANTE LA NOCHE JUGABAN A LAS CARTAS Y BEBÍAN EN LAS CANTINAS.

NORMALMENTE NO HABÍA AGUA LIMPIA NI COMIDA BUENA EN LOS CAMPAMENTOS. LA VIDA SIN LIMPIEZA HACÍA QUE LOS MINEROS SE ENFERMARAN Y MUCHOS MURIERON. EN 1849, 10,000 MINEROS MURIERON POR ENFERMEDADES.

EN 1849, LOS MINEROS EN BUSCA DEL ORO EN EL RÍO O EN MINAS ENCONTRARON CERCA DE $40 MILLONES (1000 MILLONES DE HOY).

NO HAY NADA AQUÍ. ¡VÁMONOS RÍO ARRIBA!

PERO EN LOS DEPÓSITOS DE ORO, HABÍA MUCHA GENTE Y YA CASI NO HABÍA ORO.

ERA CARO Y PELIGROSO CAVAR MINAS PROFUNDAS PARA BUSCAR ORO. LOS MINEROS TENÍAN QUE PASAR MUCHOS DÍAS TALADRANDO LA ROCA EN TÚNELES OSCUROS. A VECES LOS TÚNELES SE CAÍAN.

AL FINAL, SÓLO LAS COMPAÑÍAS GRANDES TENÍAN EL DINERO PARA BUSCAR ORO EN MINAS. MUCHOS MINEROS DEL 49 SE FUERON DE CALIFORNIA, DECEPCIONADOS Y POBRES.

HABÍA ACTORES Y CANTANTES QUE GANABAN DINERO AL ENTRETENER A LOS MINEROS. LOS ENTRETENÍAN CON BAILES Y HASTA CON DRAMAS DE SHAKESPEARE.

EN 1854, LA FIEBRE DEL ORO YA ESTABA POR TERMINAR. LOS ESTADOUNIDENSES COMENZARON A BUSCAR ORO Y PLATA EN OTROS LADOS DEL OESTE.

EL PRIMER HALLAZGO GRANDE DE ORO DESPUÉS DE CALIFORNIA FUE EN COLORADO. EN 1858, ENCONTRARON ORO Y PLATA EN PIKE'S PEAK Y TAMBIÉN EN NEVADA, ARIZONA, UTAH Y MONTANA.

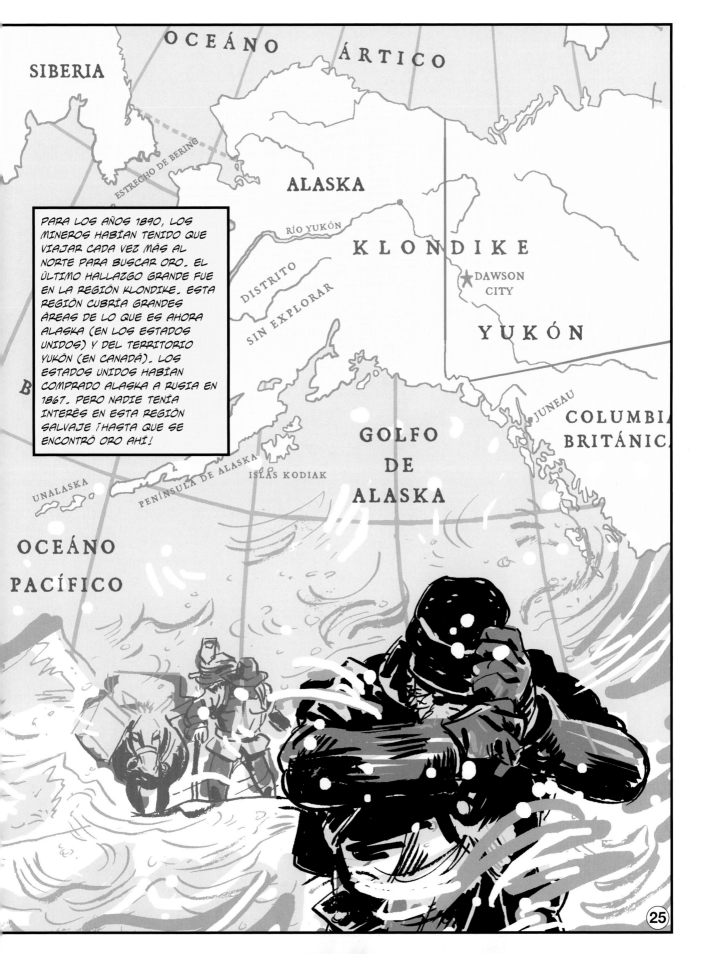

SIBERIA

OCEÁNO ÁRTICO

ESTRECHO DE BERING

ALASKA

KLONDIKE

RÍO YUKÓN

DAWSON CITY

DISTRITO SIN EXPLORAR

YUKÓN

PARA LOS AÑOS 1890, LOS MINEROS HABÍAN TENIDO QUE VIAJAR CADA VEZ MÁS AL NORTE PARA BUSCAR ORO. EL ÚLTIMO HALLAZGO GRANDE FUE EN LA REGIÓN KLONDIKE. ESTA REGIÓN CUBRÍA GRANDES ÁREAS DE LO QUE ES AHORA ALASKA (EN LOS ESTADOS UNIDOS) Y DEL TERRITORIO YUKÓN (EN CANADÁ). LOS ESTADOS UNIDOS HABÍAN COMPRADO ALASKA A RUSIA EN 1867. PERO NADIE TENÍA INTERÉS EN ESTA REGIÓN SALVAJE ¡HASTA QUE SE ENCONTRÓ ORO AHÍ!

JUNEAU

COLUMBIA BRITÁNICA

GOLFO DE ALASKA

PENÍNSULA DE ALASKA

ISLAS KODIAK

UNALASKA

OCEÁNO PACÍFICO

LA NIEVE Y EL FRÍO INTENSO ERAN MUY DIFERENTES AL CALOR DEL DESIERTO DONDE SE HABÍA ENCONTRADO TANTO ORO.

A PESAR DEL CLIMA TAN DURO, MUCHA GENTE FUE A ALASKA PARA BUSCAR ORO. TUVIERON QUE ATRAVESAR MILLAS Y MILLAS DE HIELO Y NIEVE, PERO POCOS ENCONTRARON LA RIQUEZA QUE BUSCARON.

DESPUÉS DE QUE SE TERMINÓ LA BÚSQUEDA DE ORO EN EL OESTE, COLONOS Y SOLDADOS EMPEZARON A FORZAR A LOS NATIVOS A QUE SE FUERAN DE SU TIERRA. AUN PEOR, EL GOBIERNO ESTADOUNIDENSE NO RESPETÓ LOS TRATADOS QUE HABÍAN FIRMADO CON LAS TRIBUS NATIVAS Y TAMBIÉN NO RESPETÓ LOS DERECHOS DE LAS TRIBUS A SU TIERRA.

DESAFORTUNADAMENTE, MUCHOS NATIVOS PERDIERON SUS VIDAS A MANOS DE SOLDADOS QUE DESPEJABAN EL CAMINO PARA LOS COLONOS ESTADOUNIDENSES. OTROS NATIVOS TUVIERON QUE IRSE A VIVIR A RESERVACIONES BAJO EL MANDO DEL GOBIERNO ESTADOUNIDENSE.

EL ORO SE AGOTÓ EN CALIFORNIA, PERO EL ESPÍRITU DE LA FIEBRE DEL ORO AÚN PERDURA.

CALIFORNIA HOY ES UNO DE LOS ESTADOS MÁS RICOS DE LA UNIÓN. AHÍ ESTÁN ALGUNOS DE LOS NEGOCIOS E INDUSTRIAS MÁS EXITOSOS DEL MUNDO. PERO LAS FORTUNAS DE CALIFORNIA EMPEZARON CON LA FIEBRE DEL ORO.

A CALIFORNIA SE LE CONOCE TAMBIÉN POR SU DIVERSIDAD CULTURAL. HAY COMUNIDADES ASIÁTICAS QUE SE FUNDARON CUANDO EMPEZÓ LA FIEBRE DEL ORO Y QUE AÚN ESTÁN AHÍ. LA GRAN POBLACIÓN LATINA COMENZÓ AUN ANTES, CON LA LLEGADA DE LOS ESPAÑOLES, MEXICANOS Y OTROS NATIVOS.

LOS ANTIGUOS CAMPAMENTOS MINEROS, TAN ACTIVOS EN EL PASADO, AHORA ESTÁN TRANQUILOS. MUCHOS YA NO EXISTEN, PERO OTROS COMO BRANDY FLAT O ROUGH AND READY SE HAN CONVERTIDO EN "PUEBLOS FANTASMA".

LOS TURISTAS DE TODO EL MUNDO VISITAN ESTOS PUEBLOS HISTÓRICOS PARA APRENDER ACERCA DE LA FIEBRE DEL ORO. ALGUNAS PERSONAS DICEN QUE TODAVÍA HAY MINEROS QUE EN LAS NOCHES SE APARECEN ¡PARA BUSCAR SU ORO!

PARA APRENDER MÁS

California. Seeds of a Nation (series). P. M. Boekhoff. (Kidhaven Press)

California Gold Rush. Sheila Rivera. (ABDO Publishing Company)

La fiebre del oro en California, Hitos de la historia de Estados Unidos (Serie).
  Michael V. Uschan (World Almanac Library)

*The New York Public Library Amazing Native American History: A Book of Answers
  for Kids.* Liz Sonneborn (Wiley, John and Sons)

Sightseers' Guide to the California Gold Rush. Julie Ferris (Houghton Mifflin Company)

SITIOS WEB

California Gold Rush at Oakland Museum of California
www.museumca.org/goldrush.html

Gold Fever
www.pbs.org/wgbh/amex/gold/greetings.html

Gold Rush
www.calgoldrush.com/index.html

Gold Rush!
pbskids.org/wayback/goldrush

Gold Rush Overview
www.parks.ca.gov/default.asp?page_id=1081

Por favor visite nuestro sitio web en: www.garethstevens.com
Para recibir un catálogo gratuito en color, en el que se describe la lista de
libros y programas multimedia de alta calidad de la World Almanac®
Library, llame al 1-800-848-2928 (EE.UU.) o al 1-800-387-3178
(Canadá). Fax de World Almanac® Library: (414) 332-3567.

Library of Congress Cataloging-in-Publication Data available upon
request from publisher. Fax (414) 336-0157 for the attention of
the Publishing Record's Department.

ISBN-13: 978-0-8368-7896-7 (lib. bdg.)
ISBN-13: 978-0-8368-7903-2 (softcover)

Spanish Edition produced by A+ Media, Inc.
Editorial Director: Julio Abreu
Editor: Adriana Rosado-Bonewitz
Translators & Associate Editors: Luis Albores, Bernardo Rivera, Carolyn
Schildgen
Graphic Design: Faith Weeks, Phillip Gill

First published in 2007 by
World Almanac® Library
A Member of the WRC Media Family of Companies
330 West Olive Street, Suite 100
Milwaukee, WI 53212 USA

Copyright © 2007 by World Almanac® Library.

Produced by Design Press, a division of the
Savannah College of Art and Design
Design: Janice Shay and Maria Angela Rojas
Editing: Kerri O'Hern and Elizabeth Hudson-Goff
Illustration: Guus Floor
World Almanac® Library editorial direction: Mark Sachner
  and Valerie J. Weber
World Almanac® Library art direction: Tammy West

Printed in Canada

1 2 3 4 5 6 7 8 9 10 10 09 08 07 06